ソチョン　スケッチ

目次

ソチョンスケッチ
〜ソウル町歩き手帖〜

ソウルマップ

ソチョン
西村
景福宮
昌徳宮
ソウル駅
Nソウルタワー

ファンヘブク
ファンヘナム
カンウォン
インチョン
ソウル
キョンギ
チュンチョンブク
チュンチョンナム
テジョン
キョンサンブク
大韓民国
テグ
チョルラブク
ウルサン
キョンサンナム
クァンジュ
プサン
チョルラナム
日本
チェジュ

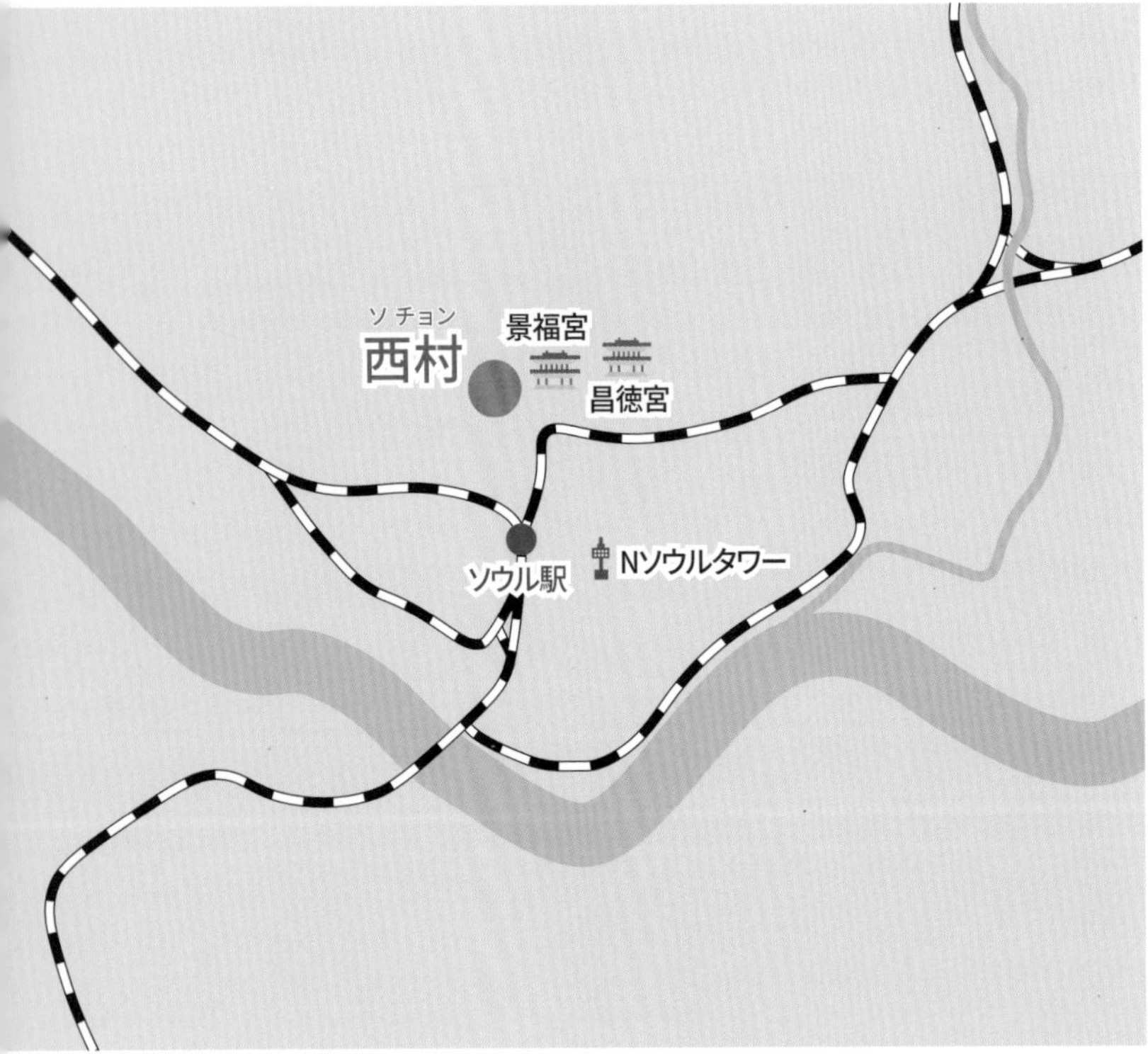

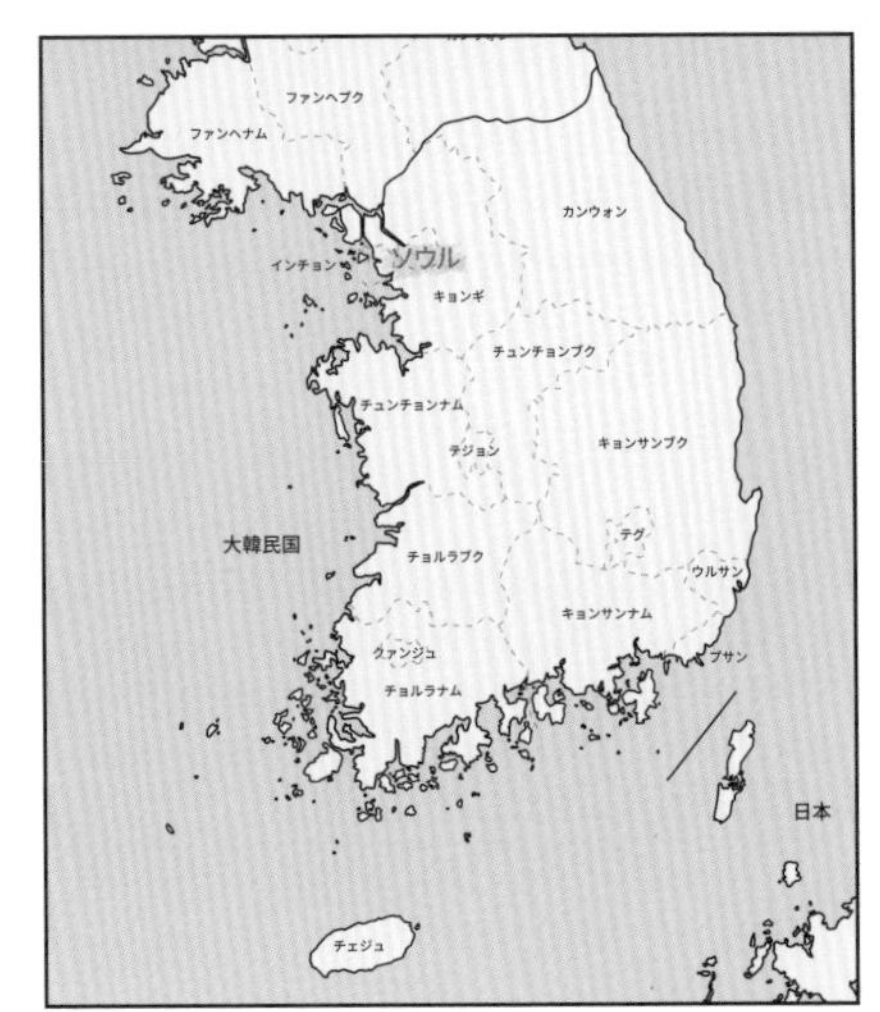

大韓民国

ソチョンマップ

너는
오락이
땡긴다
테트리스 · 갤러그
보글 보글
최신게임 없음!
最新ゲーム
無し!
仁王山
がんばれ
急な
登り坂
スソン洞
渓谷
パク・ノス
美術館
(パン)
トリ
(ゲームセンター)
オギン
娯楽室
ハルモニ
カルグクス
テポパイ
花苑
(パン)
ヒョジャベーカリー
おしゃれカフェ
多し!
ナムド
粉食
コンビニ
マート
ソンリム
サウナ
ポパイ
花苑
かわいい花束を
作ってもらおう!
(ベーカリー)
スコップ
SCOFF
永和樓
(中華料理)
春
桜並木がきれい
消化栓
テキトーに
描かれた
表情が
良い!
Son's
Kitchen
(西村)
ソチョンを散策しよう
서촌을
산책합시다!
(チムタク)
ココチムタク
マンナ粉食
サジクドン
クカゲ
(チャイ・カレー)
雑貨
(ハムフン冷麺)
イガミョノク
コンビニ
@yoko1770

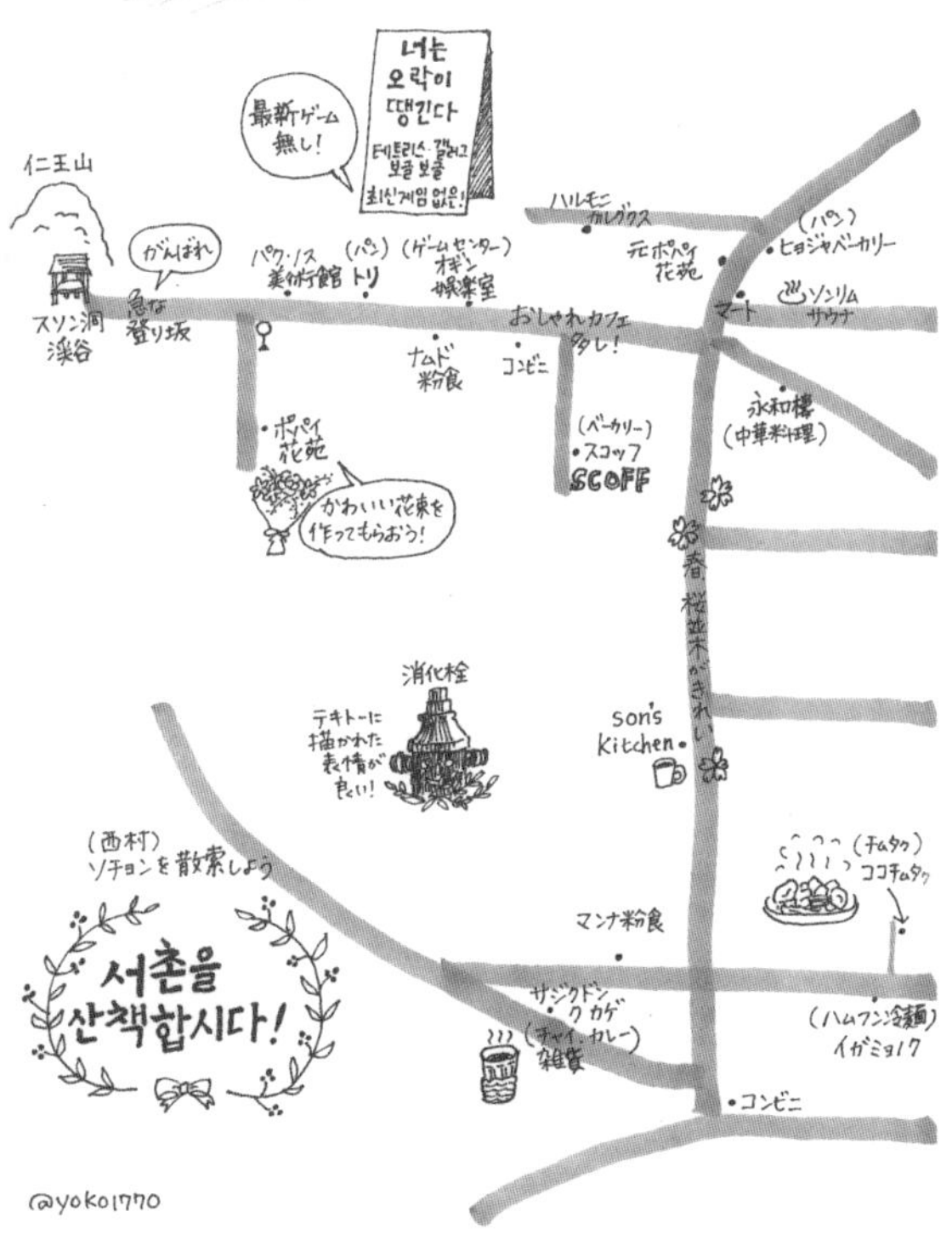

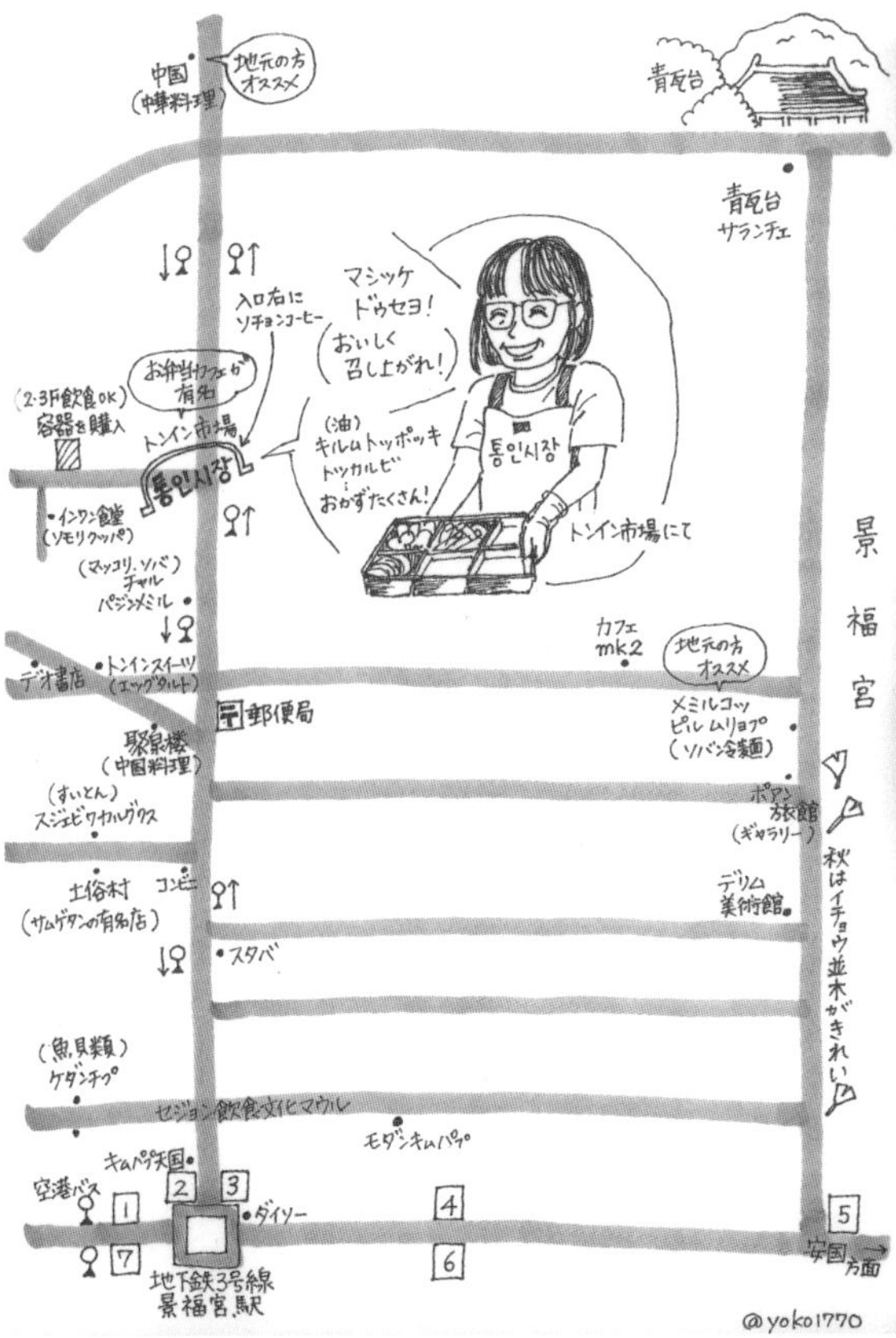

中国
(中華料理)
地元の方
オススメ
青瓦台
青瓦台
サランチェ
入口右に
ソチョンコーヒー
マシッケ
ドゥセヨ!
おいしく
召し上がれ!
お弁当カフェが
有名
(2・3F飲食OK)
容器を購入
トンイン市場
통인시장
(油)
キルムトッポッキ
トッカルビ
おかずたくさん!
통인시장
トンイン市場にて
インワン食堂
(ソモリクッパ)
(マッコリ、ソバ)
チャル
パジンメミル
カフェ
mk2
地元の方
オススメ
デオ書店
トンインスイーツ
(エッグタルト)
郵便局
聚泉樓
(中国料理)
メミルコッ
ピルムリョプ
(ソバ冷麺)
景
福
宮
(すいとん)
スジェビ ワカルグクス
ポアン
旅館
(ギャラリー)
秋はイチョウ並木がきれい
土俗村
(サムゲタンの有名店)
コンビニ
デリム
美術館
スタバ
(魚貝類)
ケダンチップ
セジョン飲食文化マウル
モダンキムパプ
キムパプ天国
空港バス
ダイソー
1
2
3
4
5
6
7
地下鉄3号線
景福宮駅
安国方面
@yoko1770

ソチョン　スケッチ

ソウル町歩き手帖

1．はじめに

韓国との出会い

それは、２００４年の３月。

忙しさを口実に観る気になれないまま、放っておいた韓国ドラマのビデオ。実際ゆっくりテレビを見る時間も心の余裕も無い毎日でした。

耳にタコができるほど観るように勧められたのですが、まるで興味無し！世間ですごく話題になっているらしい事、主人公の茶髪の男の人が人気らしい事、どうも「チュンさん」という人が出てくる事（※本当は「チュンサン」）。

ハイハイと空返事でやり過ごしていたのです。やっと仕事がひと段落ついて、ふとそのことを思い出し、（返さないと悪いし）と軽い気持ちでビデオデッキに投入。その日から私の人生は変わってしまいました。


それが、わたしと韓国との出会いです。

それまで、まるでワーカホリックのように仕事にのめり込み、必死にもがいていた私。母として妻として嫁として保育士として、ボロボロに疲れ切っていた私が、いつのまにかビデオテープが擦り切れるほど見続け、セリフを暗記し、カナルビの振ってあるハングルを小学生のように指で追いながら読んでは喜んでいました。一本の韓国ドラマが私の世界をすっかり変えてしまいました。新鮮なのに懐かしく、似ているようでまるで違う国。いつのまにか、ロケ地である真冬の春川で幸せに浸っている自分がいました。

心の支え

そんなある日、ぐらっと強いめまいが。確かに随分前から、体も心も言うことを聞かない状況ではありました。

病院に行こうとした時には、すでに一人では立てず、泣きながら階段をずり落ちていくしかない状態でした。

内科でもダメ、脳神経科でもダメ、最後の選択は精神科。そこで私は「うつ状態」という診断を受けました。小さい頃から「何事も一所懸命頑張ること」が、私が私であるための柱だったのに、ある日突然「何も出来なくなってしまった自分」「息をしているだけで苦しい」…私の中の柱はポッキリと折れてしまいました。

子どもに申し訳ないと泣き、職場に申し訳ないと泣き、主人にあたっては泣き…。

暗くて長い冬のような日々を過ごしました。自分なんて消えていなくなればいい… 毎日そればかり考えて。

そんな中でも、なぜか〝治ったら韓国に行こう〟という小さな希望は胸の中から消えずに、長い長い療養生活を続けました。

小康状態になり、再び韓国へと旅立つ日を迎えた時の喜び！

飛行機の車輪が空港の滑走路を離れ、韓国に向かう時、震える手は〝うつ〟のそれではなく、期待のためだと自分に言い聞かせて。

もしも韓国に出会っていなかったら、今私はどうなっていたのか…。韓国はまるでもう一つの薬のように、私の心を支えてくれる場所の一つになっていたのです。

ソチョン（西村）と私

ソチョン（西村）は、景福宮の西側周辺の町を指し、昔は両班（役人）が多く住んでいた所です。昔ながらの韓屋が多く残っています。私が一人で韓国に行くようになって宿泊した〝イェイニネゲストハウス〟もソチョンにあります。そこでの出会いが観光だった私の韓国旅行を、いつしか〝**大切な風景や人の温もりと出会う旅**〟へと変えていきました。

イェイニネゲストハウスのオーナー、キム・ウンベさんとの出会いから、尊敬する先輩方、ママ友、同じくソチョンを愛する友人、私の背中を押してくれる作家の方々…。誰かとの繋がりが、また素敵な出会いを連れてきてくれる…そんな町、ソチョン。

都心にありながら、まだ韓屋が多く残され、なぜか懐かしく、暮らす人々の日々の温もりを感じられる町、生活の匂いがする町。路地裏のハルモニの食堂、町で一番古い花屋、ギャラリーや美術館。テコンドーの道着を着て行き来する子どもたち。

大好きな友人たちの喜怒哀楽を包む町ソチョンは、私にとって韓国の〝地元〟になりました。

空港バスからソチョンに降り立つ時、心の中でそっと呟く「ただいま」。

観光だけではない旅、自分の心の支えや自分にとっての居場所を探す旅も、また素敵ですよね。

そんなソチョンは、今若い人々にも注目され、どんどん姿を変えていっています。以前あった昔ながらの

お店が消え、センスの良いおしゃれなカフェなどに姿を変えています。歩いているうちに（ここも変わった、あの場所も変わった…）と勝手に残念がる自分がいました。せめて心の中に私の大好きなソチョンの風景や人々の姿を残したい…そう考えて描き始めたのが私のソチョンスケッチです。私と一緒にソチョンを歩いてみませんか？

1. ソチョンスケッチ

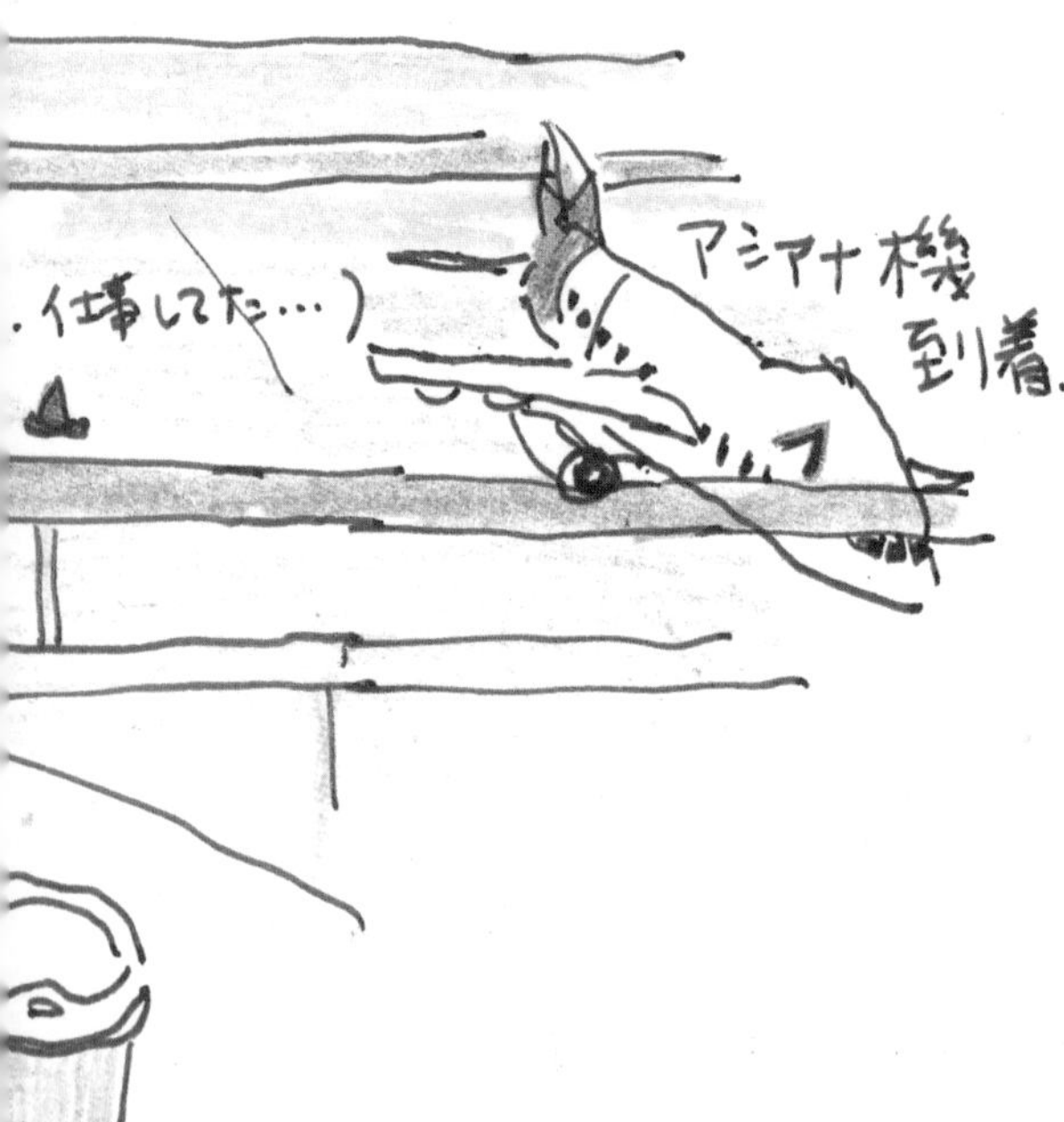

仙台から仁川空港へ

さあ、いよいよ韓国への旅の準備です。行くと決めた時からが、旅の始まりですよね。私は緊張と期待で、アドレナリン全開になり、夜もなかなか寝つけなくなります。「どこを歩こうか」「いつ友だちに会えるのか」…頭の中では悶々として、早め早めにリストを作ったり、旅程を組んだりするのですが、いざ準備となるとなかなか実行に移せません。遠足前の子どものように必ず体調も崩します。（半分言い訳）

「出発」の準備を始めてしまうと、なぜか「旅の終わり」まで感じてしまい、妙に寂しくなる変なクセも

あるのです。（絶対言い訳）
その為に、いつも準備はギリギリ。ああ、毎度毎度真夜中までトランクの荷物と格闘です。

仙台から仁川空港までは、約2時間半。

ほぼ寝ていないのでいつのまにか白目です。白目のまま機内食はバッチリ食べます。日記を書くつもりでペンを片手に白目のままグーグー仁川空港に着いてしまうもったいなさです。

何とか起きて入国手続きを済ませ、最低限の金額をウォンに両替して、いざ到着ロビーへ。

借りてきたWiFiルーターを起動して、ゲストハウス

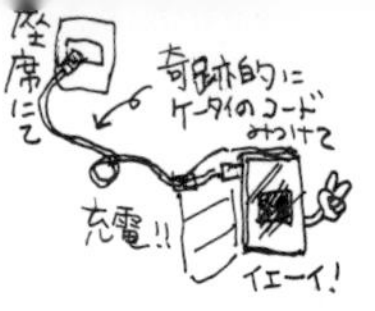

や家族への連絡もオッケー！ふーーーーーー。

ここからイェイニネゲストハウスのある〝景福宮駅〟までは、空港リムジンバスで向かいます（片道約10000ウォン）。空港内のコンビニで、Tマネーカード（韓国の交通カード）に必要な額（私はバス、地下鉄共に使うので、10日間で約50000ウォン）チャージして『6011』のバス停へ。乗車前にトランクを積んでくれるアジョシ（おじさん）に行き先を伝え、番号札を受け取ります。降りる時必要ですので、失くさないようにしましょう。

Tマネーカードを読み取り機にかざして〝ピッ〟となったら空いている席に座り、シートベルトを締めます。高速道路も通るので、運転手アジョシも確認に回ってきます。そして、ここから1時間のバスの旅。ソウルって遠い…。

まだまだ油断はできません。ホッとしたのもつかの間、バスの中の乾燥にご注意を！実は以前、このソウルまでの1時間で水分不足になり、奇跡的にバッグに入っていた機内食のパックの水に救われた経験があり、それ以来この水を「命の水」と呼んで、必ずバッグに入れるようにしています。ソウルに着くまでにす

でに波乱万丈のドラマチックな日々は始まっているのです…。

「景福宮駅」は空港から6番目の停留所です。アナウンスを聞いて、下車ベルを鳴らし、運転手アジョシに番号札を渡して荷物を降ろしてもらいましょう。
「カムサハムニダ、キサンニム（ありがとうございます、運転手さん）」

いつもの景福宮駅周辺の景色、人波、光るハングルの看板…。しみじみ見つめてジーン。〝帰ってきた〟ような〝夢〟のような。不思議で幸せな瞬間です。

물…水、 커피…コーヒー、 맥주…ビール
고추장 주세요…コチュジャン下さい

イェイニネゲストハウス

イェイニネゲストハウスは、私のソウルのお家。日本人専用のゲストハウスで、トンイン市場やバス停も近くにあります。一般のアパート（ヴィラ）なので、韓国の一般家庭の雰囲気をたっぷり味わえます。シャワー、トイレ、キッチンは共同ですが、ゲストハウスでの出会いもまた楽しいものです。

オーナーのキム・ウンベさんは、日本語も堪能でいつでも相談に乗ってくれる心強い優しいオンニ（お姉さん）です。私が初めて一人で渡韓し、ゲストハウスに滞在中、1対1での韓国語観光ツアーでお世話になり、その時から私の体調をいつも心配して下さったり、私の今後の経験の為にとイラストを依頼して下さったりと、本当にいつも優しくして頂いています。

実は私の娘とウンベさんの息子さんは同級生。ママ友を紹介してくれ、私をいつも元気に迎えてくれる仲間と出会うこともできました。

初めて会った時から、気さくに私を仲間に入れてくれたママ友たち。

イェイニネゲストハウスは現在営業を終了しています。

彼女たちも日本語を勉強中。明るくてたくさん喋り、
たくさん笑う
とても素敵な友だちです。いつも刺激をくれるママ友
たちに感謝。これからもよろしくね！

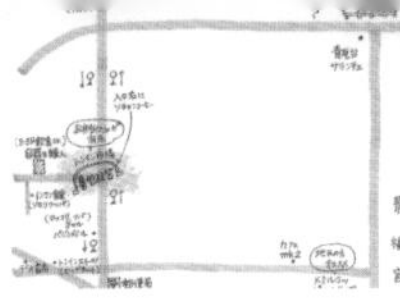

통인시장（トンインシジャン）
TEL：02-722-0911
住所：서울특별시 종로구 통인동 44, 통인시장
(지번) 서울특별시 종로구 필운대로 6 길 3 , 통인시장

トンイン市場

イェイニネゲストハウスからも近いトンイン市場。全体的にお惣菜屋さんが多く、白いキルムトッポッキとお弁当カフェで有名です。5000ウォン（約500円）でお弁当容器と古銭を模したコインを受け取り、市場に並ぶ加盟店のお惣菜屋さんからコインでおかずなどを購入し、自分好みのお弁当を作る仕組みです。（現金でも対応可）お昼時には、学生や地元の人、観光客でいっぱいで、歩くのも大変なこともあります。

私が必ず買うのはトッカルビ（トッポッキの餅を挽肉で包んで焼いたもの）、スンデポックム（旨辛！スンデがモチモチで美味い！）そして…ビールです。カフェのテイクアウトばりにフタ付きのプラカップ&ストローで飲むなんとも面白いスタイル。最高です！ちなみに、おかずは油っこいものが多いので、私はナムルや果物カップなども一緒に買います。作ったお弁当は、市場中央にある〝顧客満足センター〟で食べることができますよ。別売りでご飯とスープもありますが、私はいつもお弁当だけでお腹いっぱい！

市場歩きの楽しくおいしい体験、いかがですか？

行列に並んでいる間、後ろの小学生男子グループに声を掛けてみました。
「日本から来たんだけど、君たちの写真撮ってもいい？」「へ〜、いいよ！」と快諾してくれ、パシャリ！人が多すぎて密着のあまり、ドアップになり入りきらないギュウギュウ写真の出来上がり！お礼に日本から持って来たお菓子をあげると「おお！カムサハムニダ（ありがとうございます）！」と大喜びしてくれました。

いつもバッグの中に日本のお菓子を入れていたのが役に立って良かった！喜んでくれて良かった。

브이〜…ブイー

朝の過ごし方

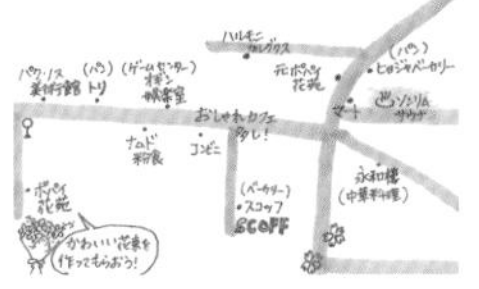

ソンリムサウナ
송림사우나

TEL：02-738-1668
住所：서울 종로구 필운대로 6 길 3 송림빌딩
(지번) 서울 종로구 통인동 35-16 송림빌딩

ソンリムサウナ

トンイン市場の中の〝ソンリムサウナ〟。ローカル感100%の銭湯です。入り口でお金を払い、エレベーターに乗って女性専用サウナに向かいます。

目印はこの看板です

「アンニョンハセヨ」と入っていくと、そこには迫力満点のアジュンマが(あ、失礼!)。「日本人?」「ロッカーはここだよ」など少々ぶっきらぼうだけど親切に声を掛けてくれます。一所懸命早足で歩いてきた為、清々しい5月だというのに大汗びっしょりの私。アジュンマに「あんた運動でもしてきたのかい?」と素敵なTシャツを買うように勧められました(買いません)。

アジュンマに作ってもらった氷がゴロゴロ入った甘〜いアイスインスタントコーヒーを味わい、火山の噴火のような激しいジャグジーに本気で溺れそうになり、生まれたままの姿でテミリアジュンマ（アカスリのおばさん）にゴシゴシしてもらい、ミストサウナ室では「日本人だね～」と当てられ、一緒に全裸で柔軟体操…という数々の楽しい経験ができる天国、それがソンリムサウナ！

お外でごはん

イェイニネゲストハウスでは、日替わりでキムパプ&スープか、トースト&ヤクルトの朝食が出ます。早起きして朝食と市場で買った果物を持って、いざ歩いて〝スソン洞渓谷〟へ出発です。ちょうど通勤時間のようで急ぎ足のサラリーマンや、手を休める事なく下ごしらえをする市場の人々を眺めながら歩きます。どんどん急な上り坂になってくるので、やっぱり汗だく。そんな私を追い越していくヤクルトアジュンマ（ヤクルトおばさん）の電動カートが、もう羨ましくてたまりません。

「アジュモニ〜!私もカートに乗せて〜!!(心の叫び)」

おっと!出勤途中の友だちにバッタリ!友人も私もびっくり。でも私は私で嬉しくて、本当にソチョンの住人になった気分です!手を振って別れ、更に急な坂を登ったところにあるスソン洞渓谷へ。

入り口の東屋で一休みです。風に吹かれながら、キムパプ（海苔巻き）やチャメ（瓜）をもぐもぐ。

「あ〜、幸せ!」

そこへ、仁王山を歩き終わって帰り足のオモニたちも東屋へ一休みしにやって来ました。せっかくの出会いなので「チャメいかがですか？」と声を掛け、一緒に食べながらおしゃべり。

「あ〜、ほんとに幸せ〜！」


また、別の日に渓谷前のベンチに座りごはんを食べていると可愛らしい双子の女の子とお父さんにも出会いました。話しかけてみると、持って来たおもちゃを見せてくれ、嬉しくて一緒に記念撮影もしました。

散策に行くのに、女の子が可愛いバッグをベンチに忘れていったので、さりげなく荷物番をしていた

まぶしい…
アッパ…？
このアジュンマだあれ？？…的な。
わーい♡
大喜び
アッパ…なんでこのアジュンマ喜んでるの？？…的な。
ちゃっかりお手々つないでます!!
プサンもいいわヨ!
1人旅、イイワネー!
その様子をみていらした方としばらくお話。
え？家族を置いて1人で？？うらやましいワ〜!!
ピース？？

ら、その様子を見ていたご婦人から「ご家族かと思ったわ〜」と話しかけられ、オススメの食堂をも教えてもらったりしました。

偶然の出会いでの交流は、その場限りだとしても運命のように私の心の中に温かく残ります。本当は人見知りで、日本では自分から声をかけることがほとんど無い私なのに、韓国では自分でもびっくりするほど心のドアが開きます。不思議ですよね。（開きすぎて無用心になってはいけないですが。）

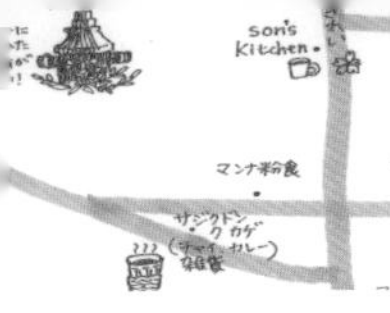

ココタッ
코코닭
TEL：02-723-8180
住所：서울 종로구 자하문로 1 라길 4
(지번) 서울 종로구 체부동 199

クムチョンキョ市場（セジョンマウル飲食文化通り）

ココチムタク

いつも、ソウルに着いた日の夕食はクムチョンキョ市場のココチムタクで、チムタクを持ち帰り。景福宮駅2番出口をすぐ左折して市場の通りを半分ほど行ったところの路地にあります。

一人旅なのに、いかにも待っている誰かがいるようなオーラを出して。（バレバレです）そして「日本人なので、あまり辛くしないでください」の一言を忘れ

クムチョンキョ市場の路地を入ったとこ

ずに言いましょう。以前何も言わないで買ったら、火を噴くほど辛かったので、そこは必ず伝えます。

私のインスタグラムを見て下さっているサジャンニム（店長さん）が、「ようこ**ニム、オソオセヨ！**」と笑顔で迎えてくれます。サジャンニムが心を込めて作ってくれるチムタクの味は最高！シャーベット状のトンチミとキムチが付いてきます。具材にバッチリ味が染みていて、大好きな春雨も山盛り入っていますし、鶏肉も柔らか。初めて鶏の首を発見した時には、日本では見たことがなかったのでびっくりしたけれど、今は「ああ！私は今韓国にいる！」としみじみ実感できます。

ちなみに「首を食べると、歌が上手くなる」って本当？

ようこ님 어서오세요（ニム オソオセヨ）…ようこ様　いらっしゃいませ

ハルモニ（おばあさん）のお店

クムチョンキョ市場もどんどんお店が変わり、おしゃれなお店が増えてきました。夕方は仕事帰りの地元の人々で店の前の外テーブルまでいっぱい。そんな中、なぜか私は昔ながらのお店に引き寄せられます。古い店先でとうもろこしを蒸している湯気に誘われて「ハルモニ（おばあさん）～」と声をかけると、奥から「アイゴ～、ホリヤ～（ああ、腰痛い）」と出てくるおばあさん。「大きいところあげるからね」と見繕って袋に入れてくれます。最後に「お元気でいて下さいね」と言うと、ちょっと驚いた表情を。その後にっこりと笑顔を返してくれました。

韓国のとうもろこしは、日本のものとは食感が全然違います。一粒一粒が弾けそうなくらい膨らんで、食べるとモッチモチ！まさに穀物！大好物なんです。

また、クムチョンキョ市場の路地にある果物屋さんのハルモニも気になります。並べてある果物に埋もれるようにして、ハルモニが座っています。目が合うとニコッと笑ってくれました。大好きなチャメ（瓜）を二つ買い、少しだけしゃがんでお話ができました。

1개 1000… 1個 1000
자두…スモモ

アダムチブ

昔からのお店が家賃の高騰などのために無くなってしまい、寂しい気持ちになることも。

『アダムチブ』もその中の一つです。友だちと一緒に食べた手作りのおかずとビビムククス(辛いまぜ麺)の味。お店はもう無くなってしまったけれど、オモニ(お母さん)の手作りの味は忘れません。

『グッバイアダムチブ』という集まりが、閉店後まもなく開かれました。ソチョンを愛する旅行作家の友人ソル・ジェウ氏が主催した集まりです。スクリーンには笑顔のオモニが映され、正面のソファにはオモニを真ん中にジェウ氏ともう一人女性が座っています。オモニを労うようにソチョンで36年間続いた食堂のお話、オモニの人生のお話に耳を傾ける、みんなで感謝を伝える温かい場に私も参加させてもらいました。

「外国人だし、ソチョンの住民じゃなくてもいいの?」とジェウ氏に聞いたところ、「よーこサンはもうソチョンのトンネ(町)の一員だから。」と快く仲間に入れてくれ、その言葉が嬉しくてしばらく涙が止まりませんでした。

オモニのお話の全てを聞き取るのは難しかったのですが、私の拙い韓国語で直接オモニに感謝を伝えるこ

とができ、本当に嬉しかったです。話している中で、やはりオモニのビビムククスをどうにかして残していきたいという提案が出され、オモニの嬉しそうな顔とトンネの皆さんの情の深さをしみじみと感じることができました。

オモニの手作りパンチャン（おかず）とビビムククス
地元の友達と一緒に食べた楽しく美味しい思い出の味。

굿바이 - 아답집…Good Bye アダプチプ
할머니게서 들러주는 36 년간의 식당 이야기…おばあさまが聞かせてくれる 36 年間の食堂のお話
냉면…冷麺、백 - 반…定食、라면…ラーメン、칼국수…韓国式うどん、비빔국수…ビビンククス

cafe ym は現在営業を終了しています。

cafe ym

友だちが教えてくれたカフェ。すっかり入り浸り、外の見えるカウンターの席に座って、ぼんやり行き来する人を眺めたり、日記を書いたりスケッチをしたり。気づくと3時間くらい経っていたということも!

友だちを通じて知り合った店長さん奥さん息子くんに会えるのも楽しみだったのですが、事情があって現在は店長さんが変わってしまいました。カフェはそのまま営業しています。私が大好きだった元店長さん手作りのティラミスを始めとしたケーキ類は、どれも絶品でフワフワ、モチモチ、しっとり!チョコレートケーキでどハマりし、次に食べたティラミスは私史上最高の味で、行くたびに食べていました。私がソウル coex

何を食べようか…キョロキョロ…。
店員さん
ごめんね— ちょっと辛くなっちゃったよー
わくわく
네~ ケンチャナヨー（たぶん…）
찜닭のお持ち帰り。
大好き チムタク（辛くない方）

카페 YM でひとやすみ

화이트 와인 すっごくいい香りのおいしい白ワイン！

아메리카노
초콜릿 케이크

네～ 괜찮아요…はい　大丈夫です
찜닭…チムタク
화이트 와인…ホワイトワイン

での『ハンドメイドコリア』に出展した時には、店長さん家族がわざわざそのティラミスを差し入れに持ってきてくれ、大感激した事も！

今、元店長さんと奥さんは『ymstoe.kr』というブランドで服や雑貨を販売したり、プアム洞で写真スタジオを開き、カメラマンとして活動されています。今後のお二人の活躍と息子くんの成長が楽しみです。

카페 YM…カフェ YM
아메리카노…アメリカーノ、초콜릿케이크…チョコレートケーキ

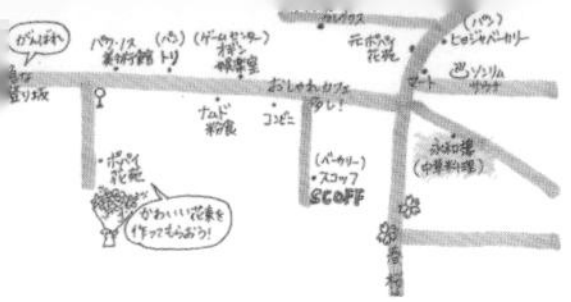

ヨンファルゥ
영화루

TEL：02-738-1218
住所：서울 종로구 자하문로 7 길 65
　　（지번）서울 종로구 누하동 25-1

永和樓

食事時はいつも並んでいる中華料理屋さん。レトロな外観を写真に収める人も多いです。

私も昼食を食べようと並んでみました。入るには入れたけれど満員で、一緒に並んでいたオモニ（お母さん）と息子さんとの相席になりました。

私はチャジャン麺を注文。黒い味噌付きの生玉ねぎと黄色いたくあんが付いてきます。こちらのおすすめ

중화요리…中華料理
연회석완비…宴会席完備

は、辛いチャジャン麺でしたが無理はしません。相席に緊張して？つるつる箸が滑り四苦八苦しつつ思わず苦笑い。そんな私を優しい笑顔で見つめてくれたお二人に、何となくホッとしました。

食べながらオモニや息子さんと話をするうちに、「そういえば私たち日本にいたことがあるのよ」と覚えている日本語を教えてくれました。そしてオモニに「クンマンドゥ（焼き餃子）も食べてみて、おいしいから！」「遠慮しないでいっぱい食べて」と勧められ、お言葉に甘えて一つご馳走になりました。何よりその笑顔とお気持ちが嬉しく、心温まるひとときになりました。よく韓国では、相席になることが多いのですが、そんな偶然の出会いでの交流もじんわり嬉しいものです。

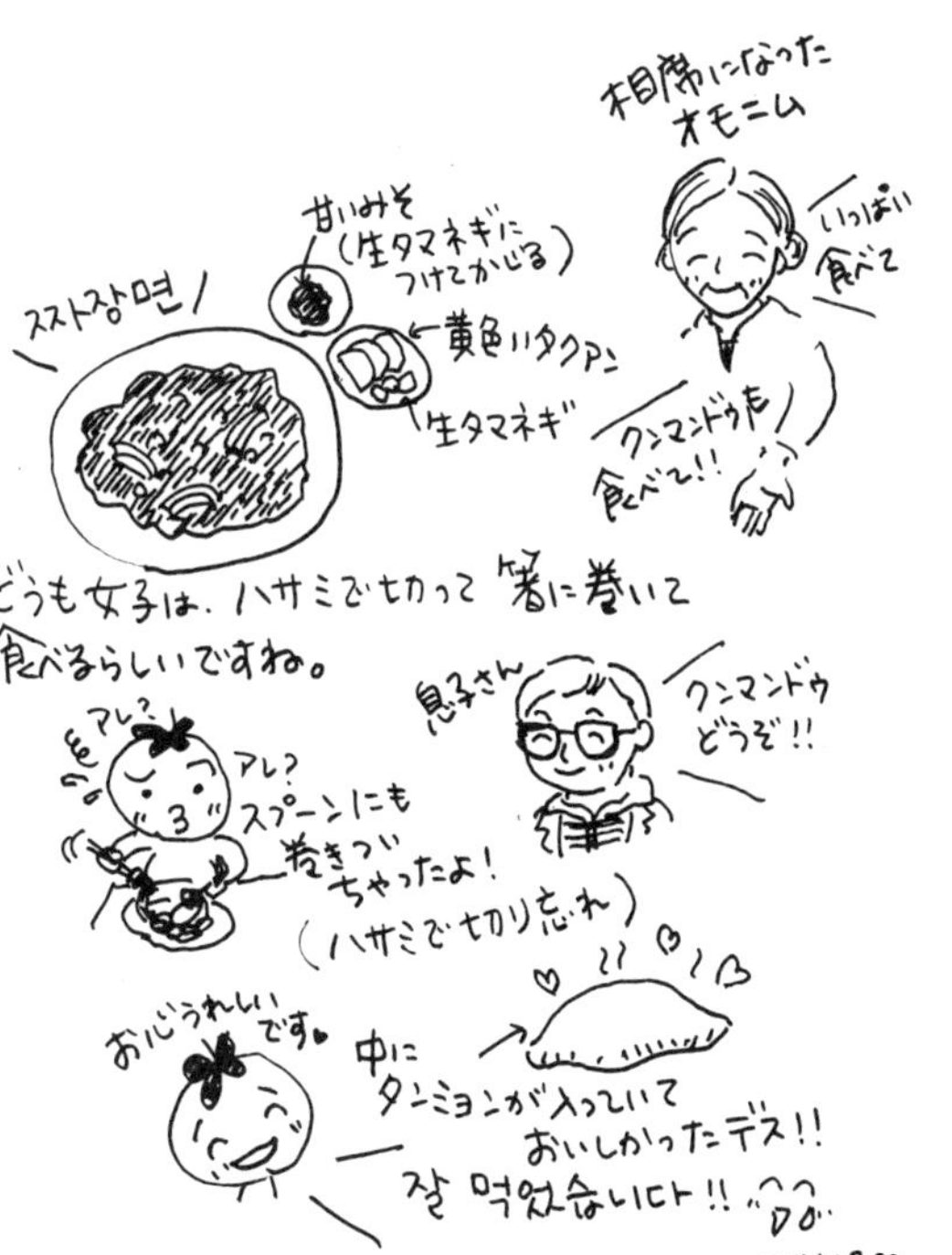

짜장면…チャジャン麺
잘 먹었습니다…ごちそうさま

デオ書店

映画やIUのアルバムジャケットにも出てくるデオ書店。韓国の人々に人気のスポットで、次々と立ち止まっては写真に収めています。

今までは眺めるだけでしたが、カフェにもなっており、ドリンクを頼むと中に入れるようになりました。韓屋の中庭、小さな部屋にはそれぞれレトロな家具や小物、ピアノ、そしてぎっしり積まれた本、本、本。静かにゆったりとした時が流れます。

ちょうど一緒に入った若いカップルと、いつのまにか「素敵ですね！」と顔を見合わせて、思わず笑顔。

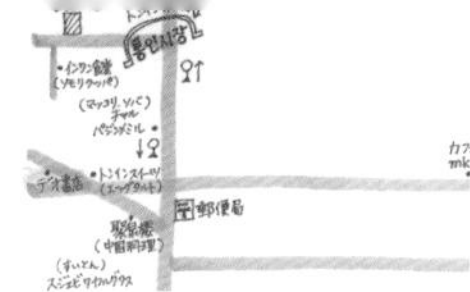

デオソジョン
대오서점

TEL：02-735-1349
住所：서울 종로구 자하문로 7 길 55
(지번) 서울 종로구 누하동 33

彼女がピアノをゆったりと弾き、それを聞きながらの幸せなひととき。

オーナーさんが一人で来ている私に「写真を撮りましょうか」と言ってくれました。私は疎くて気づかなかったけれど、その場所とアングルはIUの座ったところ。その後インスタグラムをいろいろ見ていると、デオ書店ではIUと同じように写真を撮ってアップするのがソチョン歩きでの定番のようでした。

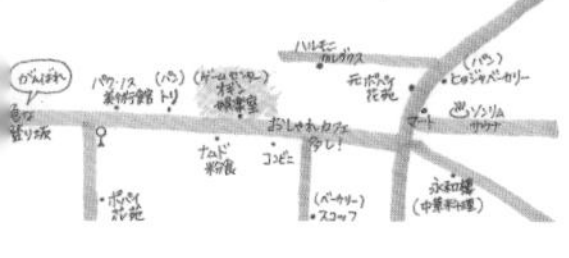

옥인오락실
TEL：0507-1402-4788
住所：서울 종로구 옥인길 28
（지번）서울 종로구 옥인동 156-7

オギン娯楽室（ゲームセンター）と友人ジェウ氏

トンイン市場を過ぎた先の玉仁（オギン）ギルを進んで行くと、何やら人がたくさん集まってガヤガヤしている所があります。それがここ、オギン娯楽室です。店の横の赤いポストが目印。昔ソチョンでおばあさんが営んでいたゲームセンター〝ヨン娯楽室〟の心を引き継いでいるのだそうです。昔懐かしいゲーム機が並び、〝最新ゲーム機無し！〟と看板にも堂々と謳っていて、子供づれのお父さん、若いカップル、学生、時にはテレビの取材やバラエティ番組にも登場します。

オギン娯楽室のオーナーは、ソチョンを愛し、『ソチョン方向』を執筆したり、ソチョン踏査も行なっている旅行作家の友人ソル・ジェウ氏です。実は、ジェウ氏はソチョンだけでなく解放村（ヘバンチョン）や益善洞（イクソンドン）にも娯楽室を開いています。日本にゲーム機やゲームセンターの視察に訪れるほど、自身もゲーム大好き！友人の紹介でジェウ氏のソチョン踏査に参加してからの知り合いで、いつも突然出没する私にびっくりしながら「よーこサン、元気？ごはん一緒に食べよう」と気にかけてくれるナイスガイ。

とにかくジェウ氏は様々な活動を積極的に行い、ソ

너는 오락이 땡긴다…あなたはゲームが惹きつける
테트리스…テトリス、갤러그…ギャラガ、보글보글…バブルボブル
최신게임 없음！…最新ゲーム無し！

チョンに地域複合文化スペース『ピョランガン』を開き、地域の文化クリエイター達に活動の場を提供したり、子供たちに映画会を開催したりと大活躍。
実は私も『ピョランガン』で〝よーこのアンテナ日記inソウル〟のワークショップの際にお世話になりました。そこの小さなキッチンで一緒にインスタントラーメンを食べたのも、友人との楽しいひとときの思い出です。

「ソチョン方向」

また、ある朝スソン洞渓谷で朝ごはんを食べ終わり、坂を降りている途中ばったり出会い、お互いにびっくり！ジェウ氏は保育園の子供たちを連れて、町歩きに出発するところでした。〝僕らの町を知ろう〟プロジェクトの一つ、とのこと。
かわいい探検隊に付いていきたい気持ちをグッと堪えて「気をつけて行ってらっしゃーーい」とお見送り。ジェウ氏の息子くんのドホにも会えて嬉しい私でした。

「ソチョン方向」と著者ソル・ジェウ氏

어린이집 아이들의「우리 동네 바로 알기 !」by 재우 씨…園児たちの「私たちのまちを知ろう!」
by ジェウさん

大好きなドホ

ドホはジェウ氏の最愛の息子くん。まだ赤ちゃんの時にジェウ氏のSNSで出会い、あまりの可愛さに一目惚れだった私。初めて会えた時には、嬉しくて泣きそうになるほど感激してしまいました。なんて話しかけようか迷った挙句、変顔をして笑いをとりにいった自分が恥ずかしい…。

どんどん大きくなって花に水やりのお手伝いをしたり、写真を撮るのを恥ずかしがって走って逃げたり。今度ドホに会えるの

はいつだろう。その時はどのくらい大きくなっているかな?

この絵は、随分前に初めてお家にお邪魔した時のドホ。実はこのドホの隣に、嬉しくて緊張して汗かいて変顔している私がいたのです。ははは。

ポパイ花苑

ポパイ花苑はソチョンで一番古くから営んでいる花屋さん。移転する前のお店を近くの東屋にハルモニ達に混じって座り、心を込めて描きました。ソチョンが〝昔ながらの懐かしさ溢れる町〟として注目されるのと同時におしゃれに変わっていき、その〝昔ながらのお店〟が家賃の高騰の為、移転や立ち退きを余儀なくされる現状に、私はどうすることもできず、ただ一心に見つめ心の中に焼き付けるように絵を描くばかりでした。

ここで勇気を振り絞り、この描いたばかりのスケッチを持って店内へ。そんな私にびっくりしながら絵を見てとてもとても喜んでくれました。それが私とポパイ花苑との出会いです。

玉仁(オギン)ギルをスソン洞渓谷方向に進んだ先に、移転したポパイ花苑があります。そこは以前と同じように若いカップル達がひっきりなしに立ち寄ります。なぜ？みんなポパイ花苑の看板娘、ミニソンオンニ（ソン家の小さいお姉さん）ことスヒョンさんにミニブーケを作ってもらいたいから。ソチョンでのデートには欠かせない必須アイテムです。ミニブーケを大切に抱えて歩く彼女も贈った彼氏も嬉しそう。

私も勇気を出してミニブーケを頼みました。ゲストハウスのお部屋に飾るのです。

彼女はいつも私が額に汗して坂道を登ってくるので「オンニ（お姉さん）ゆっくり休んで」と優しく気遣ってくれます。描いたばかりの絵を片手にお店に行った時インスタグラムをいつも見ていること、共通の友人がいることを伝えてからは、行くたびに「オンニ！」と歓迎してくれるのです。小さなお店にいっぱいの色

뽀빠이 화원…ポパイ花苑
따뜻한 사랑 베풀어 주신은혜에 고맙습니다…あたたかい愛情を賜る恩恵に感謝します

とりどりの花々。

「オンニは青が好きでしょう?」と、選んでくれた花は思わず笑みがこぼれるくらい優しい表情をしています。ゲストハウスの部屋にさっそく花を飾ると、幸せな気持ちでいっぱい!

花屋のお母さんと愛犬カウル

ヒョンジェ理髪館（兄弟理髪館）

お店の佇まいが好きで、いつも（営業しているかな？）とその存在が気になっていたこの理髪館。日本式の建物のようです。映画『孝子洞の理髪師（大統領の理髪師）』を彷彿とさせる（実際モデルだったらしい）ここもとうとう閉店し、姿を消してしまいました。どのくらい長い間、地元の人々に愛されてきたのでしょう。

閉店後すぐは、まだ中の様子が残してあり、入ってみることができました。年季の入ったハサミ立て、椅子、整髪料の小瓶、大きなラジオ…。営業している頃のまま、時が止まったような空間から私はしばらく離れることができませんでした。

今は新しい姿、ギャラリーとしてソチョンを見守っています。でも私はソチョンに行くたびにこの場所に行って、在りし日の理髪店の姿を思い浮かべるでしょう。

『いらっしゃいませ　真心込めてご奉仕致します』

모범업소…模範店
형제이발관…兄弟理髪館

33
모범업소
형제이발관

メミルコッピルムリョプ
메밀꽃필무렵
TEL：02-734-0367
住所：서울 종로구 효자로 31-1
(지번) 서울 종로구 통의동 7-23

メミルコッピルムリョプ（蕎麦の花咲く頃）

映画にもなった短編小説『蕎麦の花咲く頃』、そんな名前のメミルクス（蕎麦）のお店。地元の方に聞いたおすすめの食堂で、いつもお客さんでいっぱいの人気店。空くのを待っていても、入れないまま短い営業時間が終わってしまうなんていうエピソードがあるほどです。私が頼んだのはビビムメミルクス（辛い冷たい蕎麦）。初めて食べた時は大ヒットの美味しさ！辛すぎず、蕎麦独特の喉ごしも良く、さすが地元の人々に人気のお店だと納得しました。

一番奥の座敷席に通されたのですが、いつか開け放した窓から外が見える席で食べたいな…と思っていたら、次の渡韓で訪れた私はその場に立ち尽くしてしまいました。昔からの素朴なお店の面影はなく、シックな造りに建て替えられ新装開店したばかりのようでした。お祝いの花が飾られているのに私はがっくり…。しょうがないことですよね、私には何も言えることではありません。でも、でも、私の知っているソチョンの風景がまたひとつ変わってしまった寂しさ。味は？…あれ？同じビビムメミルクスを頼んだものの、涙が出るほど辛い！ママ友たちに慰められながら食べました。

밀꽃필무렵…蕎麦の花咲く頃
밀무침…蕎麦の和え物、 **메밀수제비**…蕎麦のすいとん、 **메밀비빔국수**…蕎麦のビビンククス、 **메밀만두국**…蕎麦の餃子スープ

메밀꽃필무렵
메밀비빔국수
메밀만두국

메밀수제비
메밀묵집

後になってから、初めて行った時はもしかしたら「日本人なので、あまり辛くしないで頂けますか？」とお願いしたのかもしれない…と思い直しました。1回でも以前のお店で食べることが出来たことを、幸運に思わなくては。

変わらず人気のお店ですので、皆さんも一度行って見てくださいね。

ポアン旅館

蕎麦のお店の近くにあるポアン旅館。旅館としてはもうとっくに営業はしていないのは知っていたのです

が、ある日たまたま前を通ると入り口のドアが開いていました。

あれ！入れるようだ！前の人に続いて、恐る恐る中に足を踏み入れてみました。中は壁も床もボロボロ。廊下や部屋の雰囲気は昔のままのようでした。上の階もあり、そこはギャラリーになっています。ところどころ内装が新しくなっており、工事は続いていて今後も手を加えられていくようでした。今度また訪れて、もう一度じっくり展示や中の様子を見てこようと思います。また開いているといいな。

동의동…トンイドン（地名）
보안 여관…ポアン旅館

カンカンアジョシ（カンカンおじさん）

カン！カンカン！

大きな鉄のハサミを鳴らし、リヤカーを押して歩くおじさん。後ろを歩きながら（何のお仕事だろう？）と気になりジーっと観察。考えても考えても頭の中はハテナでいっぱい。刃物研ぎ屋さん？…それしか思い浮かばず、いつのまにか姿を見失ってしまいました。SNSでこの絵をアップしたところ、有力な情報が。昔は町を不用品を集めて回る人がいて、不用品を渡すと代わりに飴をハサミで切ってくれたそうです。もしかして、昔の名残りで大きなハサミを鳴らして歩いているのかな？

ソチョンを歩いていて、カンカンアジョシ（勝手に命名）に会えるとなぜか嬉しくなるんですよね。

リヤカーいっぱいのチャメとカンカンアジョシ

また、トラックの物売りの声も聞き逃しません。「カルチ～（太刀魚）、カルチ ワッスミダ～（太刀魚が来ましたよ）」「クル～、クル～、クル チャメ イッスミダ～～（蜜のように甘い瓜ありますよ～）」…スピーカーから聞こえてくる節をつけた声を聞くと、なぜか

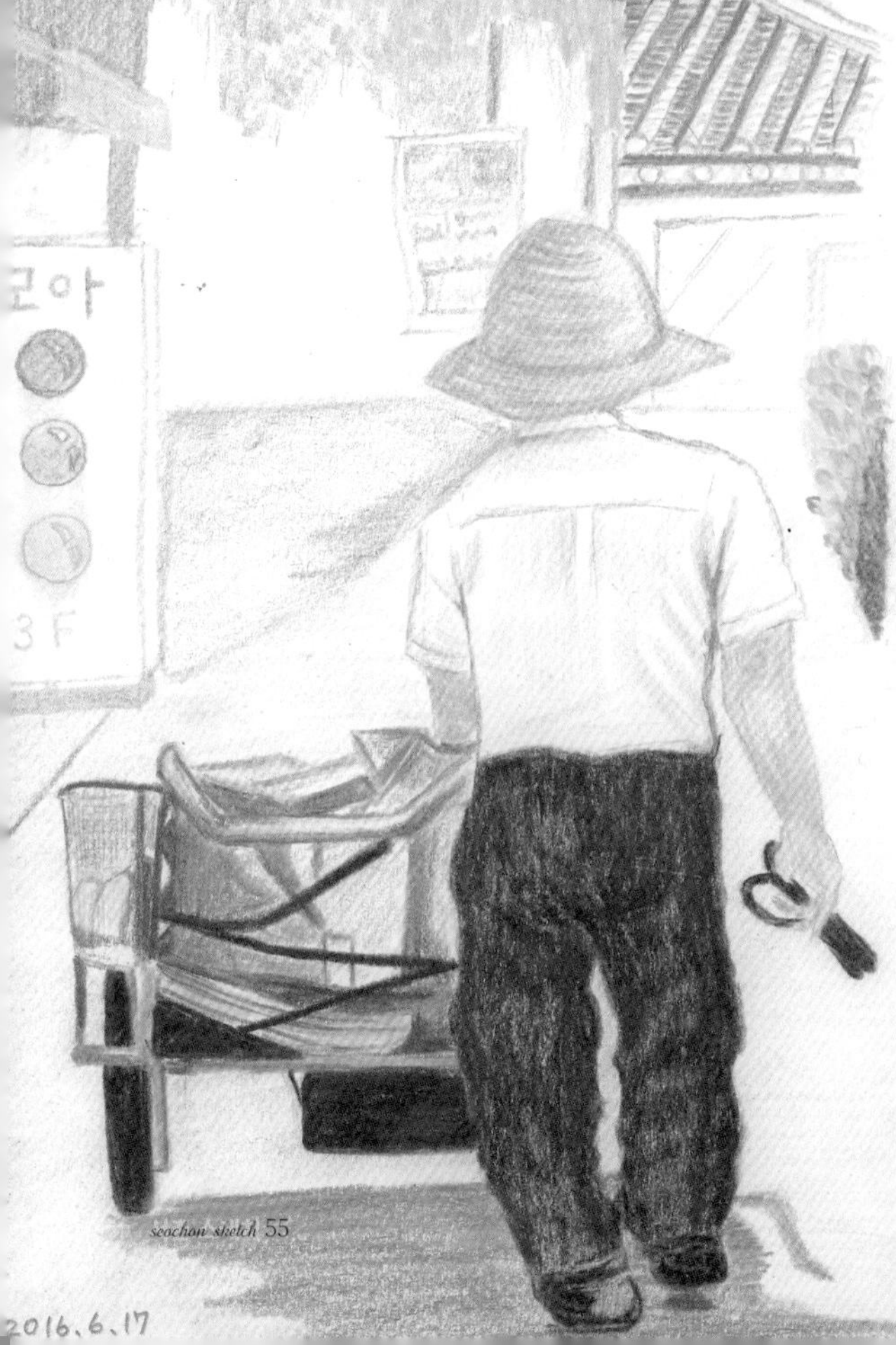

モア…모아

ワクワクして思わずトラックを探してしまいます。このことをゲストハウスのオンニに訊いたところ、昔はソチョンは新鮮な魚を手に入れる方法が少なく、魚屋さんがそうやって売りに歩いたということでした。なるほど。今でも、魚屋さんのトラックにはオモニ（お母さん）たちが集まって、新鮮な魚を選んでいます。

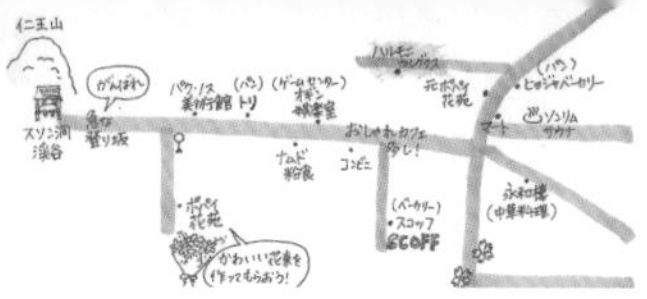

オギンドンハルモニカルグクス
옥인동할머니칼국수
TEL：02-736-1560
住所：서울특별시 종로구 필운대로 55-3
(지번) 서울시 종로구 옥인동 124

ハルモニソンカルクス　おばあさんの手打ちうどん

ジェウ氏のソチョン踏査に参加した時、昼食に連れて行ってもらった路地裏のカルククスのお店。私にとってはハルモニというよりオモニ（お母さん）が一人で手作りの味を守っている食堂です。まるでオモニの家にお邪魔しているような雰囲気です。実際そうかもしれません。

看板はあるものの、出入口の戸もいつも閉まっていてなかなか一人では勇気のいるお店です。それでも、やっぱりドキドキしながら声をかけてみます。日本から来た、というと不思議そうな表情で断られる寸前だったのですが、めげずに〝ジェウ氏〟の友人だと強調すると、一気に大歓迎してもらえました。ジェウ氏はオモニにとって、まるで息子のような存在なんですって。ジェウ氏、感謝！ありがとう。

メニューは一種類なので、何も言わなくても一人では食べきれないほどの料理が出て来ます。カルククス、パジョン、キムチ、特製のみそをご飯に混ぜて一口「は～、おいしい！」。わざわざ日本から来たことも喜んでくれて、笑顔で「もっとお食べ、たくさんお食べ」と勧めてくれます。

食後のシッケ（甘酒に近い?）もオモニの手作り。キーンと冷えたヤカンから注いでくれます。私はこのオモニのシッケが大好き！必ずお代わりしてしまうほどです。

オモニに記念写真をねだったところ「私は写真に撮られるのが本当に嫌なんだよ〜」と頑なに断られてしまったのですが「これからもお元気でいてくださいね」と言うと「韓国に来たら、いつでもおいで」と最後ま

손 칼국수 전문…韓国式の手打ちうどん専門

で笑顔で見送ってくれました。
またお腹を空かせて食べに行かなくっちゃ！

3. あとがき

私の『ソチョンスケッチ』を最後まで読んで下さり、ありがとうございます。ソチョン歩き、いかがだったでしょうか？

私がソチョンの町をスケッチするようになった理由、それは昔ながらの町の姿がひとつまたひとつ、イマドキのおしゃれでセンスの良いカフェなどに変わっていくのを目の当たりにし、惜しく淋しい気持ちからでした。

若者に注目され始め、昔からの姿が変わっていくのは韓国ではよくあることですが、地元の人々が惜しむ心に一外国人である私も同じ思いを抱き、せめて心の中に残しておきたかったのです。

日々変わっていくソチョンの姿を、そして風景や大切な人々を描いていくことで、ますます私の心の中の〝宝物〟が増えていくような気がしました。それが私のソチョンスケッチです。

でも

変わってしまう風景はあっても、地元の人々はこれからもソチョンを愛し、私と同じように笑ったり泣いたり仕事に励んだりしていることも肌で感じられ、絵を見返しては思いを寄せています。そしてこう思うのです、〝私も私の日常を大切に頑張ろう〟。

東屋でハラボジ（おじいさん）達が囲碁をして、ハルモニ（おばあさん）達がおしゃべりを楽しむ姿。朝、幼稚園の送迎バスに「待って〜！」と走っていく親子。市場で朝早くから仕込みをしている人々と立ちのぼる湯気。「ヨウコサン！」「オンニ！」と笑顔で迎えてくれる友人たち。どの人もどの人も、外国人である（一目で日本人とわかるらしい）私を温かく迎えてくれる…。

ソチョンがどんなふうに変わっていっても温かい人々がそこにいる、そんなふうに思えるのです。

私も家では、嫁であり母であり妻である身で、一人旅をするには家族の協力（…というより諦め？）無しでは行けません。私のワガママを許してくれ、見送ってくれる家族に感謝をしながら、これからも韓国そしてソチョンを愛し、見つめていきたいと思います。

さいとう　ようこ

ソチョン　スケッチ2

～ソチョンで生きる人々と出会う～

＜まえがき＞

一年前に、今まで描きためていた大好きな韓国ソチョン（西村／서촌）の風景や人々との交流を『ソチョンスケッチ』という一冊にまとめてからの私は、満足感と達成感でいっぱいだった。

２０１９年６月にソウルで開催された、ソウル国際図書展にも『ソチョンスケッチ』を両手に抱えて出展した。

韓国の地で、私のソチョンへの想いをたくさんの方々に実際に顔を合わせて伝える事ができ、直接感じる温かい反応に胸が熱くなるほどだった。

満たされる思いの余韻を感じながら心のどこかでは、何かを探しているような気配があった。

親しい人々に、私の中に生まれた小さな迷いを、言葉を一つひとつ探しながら相談してみた。

「終わった訳ではない。私の中でソチョンへの想いが終わった訳ではない。でも、これから私は何を描けばいいのだろう」と。

自分の世界を力強く突き進んでいる先輩達は、私がたどたどしく話すのを聞きながら、私の迷いをすでに知っていたかのように、私が今からどこへ向かうのかの岐路に立っている事を、厳しくかつ冷静に指摘してくれた。

自分でもわかっていたのだ。

自分は次の一歩を踏み出さなければ。

2019年の私は『ソチョンスケッチ』を抱えつつ、ワクワクと図書展に来ただけではない。むしろ、次の私の進む道を探しに韓国にやってきたのだ。

そんな思いを心に秘めたまま、私は図書展を終えて、独りソチョンの町を歩き回った。

私がソチョンに惹かれるのは、オシャレなカフェ？流行りのお店？

いや、ここで生きている人々の逞しく懸命に働いている姿だ。ふと見つめる先には、人々の日常が息づいていた。

そんなソチョンの人々の普段の生活の匂いを自分の絵として残したい。ソチョンスケッチとして形にする事で、出会いを刻み込みたい。

この続編では、勇気を出して自分からいろいろなお店に飛び込んだり、話しかけたりして写真を撮らせてもらい、描いたものがほとんどだ。

朝の開店前、忙しい合間を縫って受け入れてくれた方々の、日常の姿のエネルギーを感じて貰えたら嬉しい限りである。

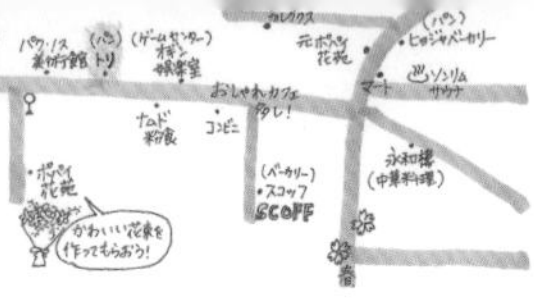

토리（トリ）

TEL：02-3333-5771

住所：서울특별시 종로구 옥인길 30-3

（지번）서울특별시 종로구 옥인동 157-3

朝のパン屋〜토리（トリ）・トリ〜

朝、まだどのお店も開店前のソチョンの通りを歩いていた。私は、朝の散歩が大好きだ。朝の空気も、人々が1日を始め、町が市場が動き出す雰囲気も。バス停に人が並び始め、幼稚園バスに向かって駆け出す親子も微笑ましい。モギョクタン（銭湯）帰りに、市場でジョン（野菜などを卵の衣に付けて焼いたもの）を食べるのも大好きだ。

でも、もう帰国が迫っていたこの日は、目に入る朝の光景をいつもより更に大切に大切に目に焼き付けていた。

そんな時、一軒のパン屋の中で働く人影が目に入った。その人は白い帽子に白衣、エプロンをつけていてパンの仕込みをしているようだった。一旦通り過ぎた。けれど何かが私の足を止めさせた。

「このまま通り過ぎて良いの?」

「もうこんな場面に出会えないかもしれないよ?」

そんな思いで引き返しても、店の前でまだ迷っていた。でも、やっぱり私の心がこう言っていた。

「私が描きたい、出会いたいのは、ここで生きている人々の生活の姿じゃないの?」

ダメでもともと、勇気を出して店に飛び込んでみた。

「アンニョンハセヨ（こんにちは）」

開店前のお店のドアは開いており、仕込みをしていたご主人が、ちょっとびっくりした表情でこちらを見て、目が合った。

「おはようございます。お忙しい時間にすみません。私、日本人でソチョンの町をあちこちをスケッチして歩いているんです。お仕事なさっている姿を描きたい

소금…塩

ので、写真を何枚か撮らせていただいてもよろしいですか?」

一瞬戸惑いながらも、「良いですよ、どうすれば良いのかな…。」と笑顔で了承してくれた。

まさに今、粉を計量していたご主人にそのまま仕事を続けてもらい、数枚の写真を撮った。緊張していたのとホッとした私は、何度もお礼を言いそのままお店を飛び出した。

まだドキドキしている胸の鼓動を抑えながら、私は自分の足取りが軽くなり、確信に似た喜びが心の中に広がっていくのを感じた。

「私が探していたのは、これなんだ!ソチョンに暮らす人々の日常、働く姿を描いていきたい。私が日々働いて笑い泣き生きているように、大好きなこの町でも人々は逞しく暮らしている。その姿に何度も励まされ、私もがんばろうと思えた。私が描きたいのはこれなんだ。

やっと見つけた自分の進む道を大切に抱えながら、さっきまでとは違う足取りでまた歩き始めた。

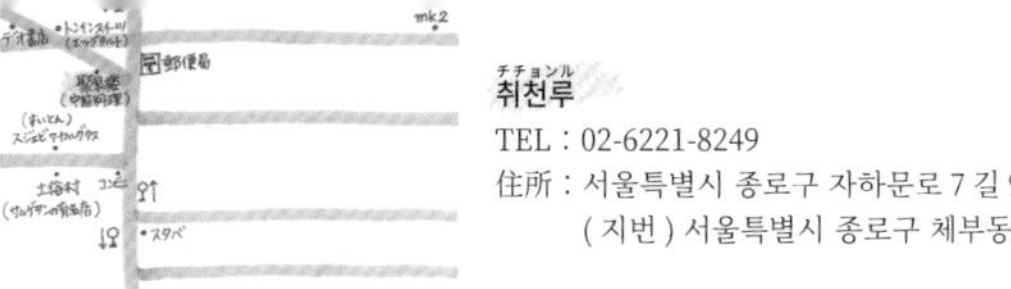

취천루（チチョンル）

TEL：02-6221-8249

住所：서울특별시 종로구 자하문로 7 길 9

(지번) 서울특별시 종로구 체부동 26

仕込み中の中華料理店
～취천루（チチョンル）・聚泉楼～

残り少ない滞在時間を気にしながら歩く私は、次第に足早になっていた。まるで仕事場に向かう人のように。まるで待つ人がいるかのように。

実は目指す店があり、ついつい気が急いていたのだが、不意にまた緊張が走った。そこは中華料理屋で、仕込みの様子が道すがら見えるようになっていた。体格のいいご主人が懸命にマンドゥ（餃子）の生地をこねていて、息子さんらしい方が後ろで見守っている。さっきの経験が私の背中を後押ししてくれる。

「アンニョンハセヨ！」

私の挨拶に始めは慣れた表情で挨拶を返してくれていたお二人も、私のつたない韓国語でのお願いを聞いているうちに、ちょっと照れたように手を止めてこちらに向き直ってくれた。

「日本人だって？ 実は私は日本にいたことがあるんだよ。京都にね。日本語で話していいよ。」との答えにびっくり、そして流暢な日本語で話すご主人にもびっくり！

働く姿を描かせて欲しいこと、写真を撮らせて欲しい事を伝えると、笑いながら主役を息子さんと交代。

今度は息子さんが、力強く生地をこね始めた。お礼をいい、数枚の写真を撮る。緊張とお邪魔になっては申し訳ない気持ちで、素早く。

「描きあげたらまた来ます。ありがとうございました！」と言う私に、「はいはい」とうなづきながらまた仕事に戻るお二人。貴重で忙しい朝の時間を割いて下さる事に感謝の気持ちでいっぱいになる。

実はとっさに出た言葉だったが、そうしよう。描きあげたら、必ず見せに来よう。決して上手い絵ではないけれど、尊敬と感謝の気持ちを込めて描いて見せに

취천루…聚泉樓
만두 & 중식…餃子＆中華

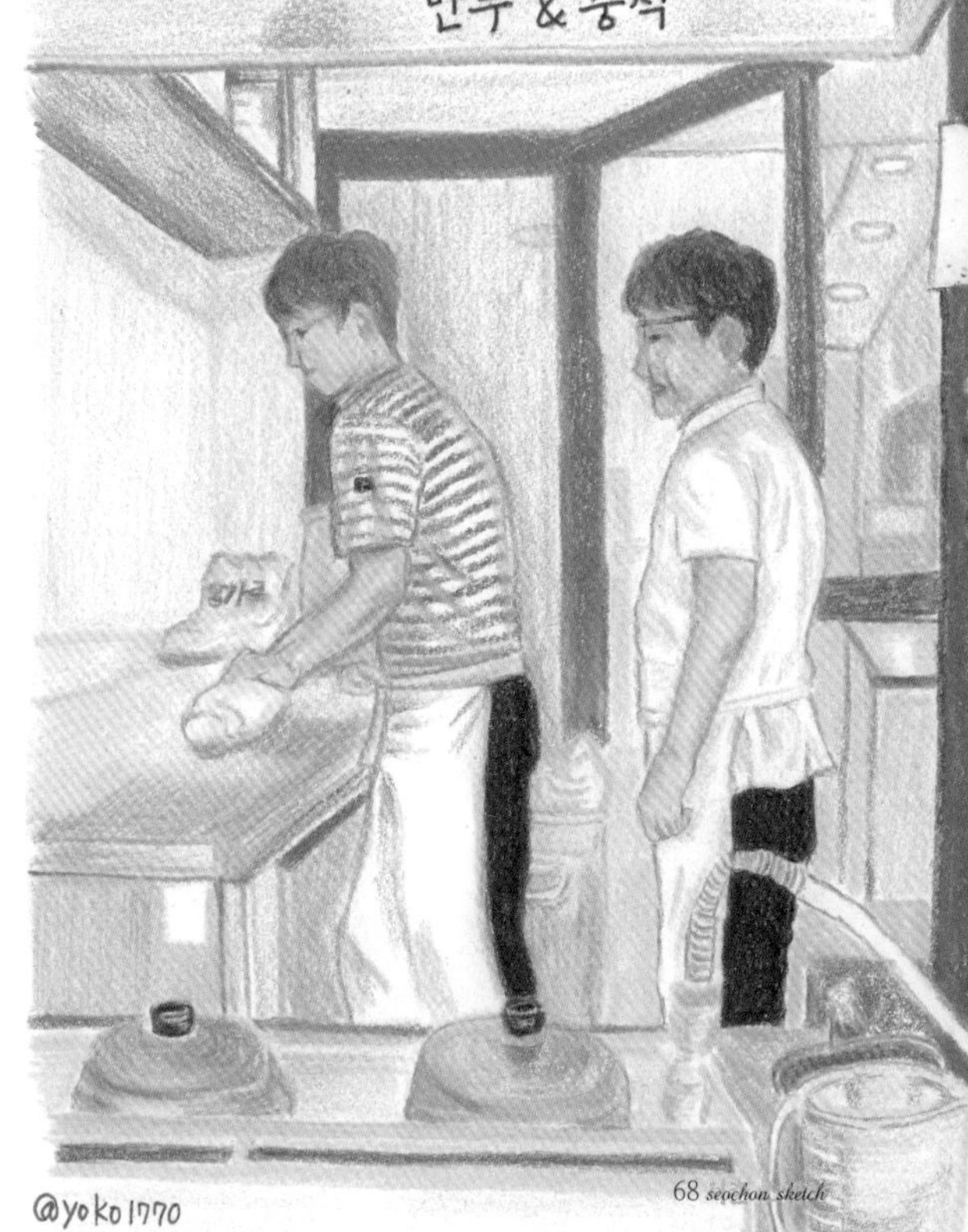

来よう。

ソチョンを歩く意味が、私の中でまた一つ増えた気がして嬉しくなった。

浮き立つ心を抑える間も無く、自分の話した韓国語が間違っていたところに気づく。何度もブツブツ言い直し、正解を探る私。やっぱりもっともっと韓国語を勉強しなくっちゃ。次のお店では、間違わずに話せるかな。勇気だけで体当たりする私の必死さだけは伝わっているのかな……。頭の中で考えがまとまらないまま、また歩き始めた頃には6月だというのに暑さと緊張で汗が止まらなくなっていた。

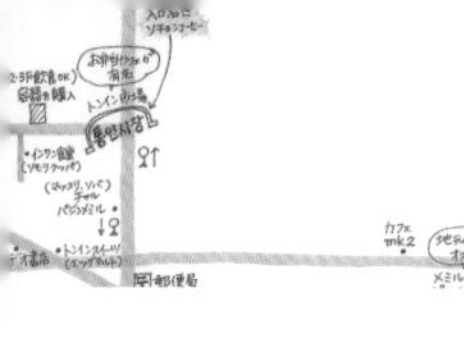

ソチョンコピ
서촌커피
TEL：070-4116-0810
住所：서울 종로구 자하문로 55
（지번）서울 종로구 통인동 5-1

本格的な味わいのコーヒースタンド
～서촌커피（ソチョンコピ）・ソチョンコーヒー～

実は目指していたお店というのはここ、トンイン（通仁）市場の入り口にある小さなコーヒースタンド『ソチョンコーヒー』。いつもここでアメリカーノをテイクアウトして、涼みながらソチョン巡りをしていた私は、いつしか親近感を感じ、いつか一言でも交わせたら、と思っていたのだ。ソチョンで働く人々の姿を描いていこうと決めて、まずはこのお店をと思い浮かんだ。さっき通った時は、配達で窓が閉まっていたけれど、どうか開いていて！と願いを込めつつ近寄ると……（あっ！開いてる！）。途端にまたまた緊張。

さっき間違えたところを思い返して何度もブツブツと練習しながら、先に注文している人の後ろに並ぶ。ちょっと怪しい人みたいだ。

汗を拭きつつ、まずはアイスアメリカーノを注文し、続けて来た目的とお願いを伝える。やっぱりちょっとびっくりした表情の後、いつもの笑顔で快諾してくれた。ホッとした時、後ろにまた人が並んだので、まずは一旦下がって待つ事にする。汗を拭き拭き待ちながら気になるのはやはり韓国語。大丈夫だったかな。次

に何て言おう……。とにかく、勢いだけのサバイバル韓国語だ。

時間を少しもらって、エスプレッソマシーンの前でコーヒーを淹れている姿を何枚か撮らせてもらう。朝日で逆光だったり手間取っているうちに、またお客さんが来た。とにかく急いで撮り終えると、お礼と挨拶をして次の人に場を譲る。なんとなく名残惜しい気持ちでちょっとその場から離れられずにいたら、こちらに気づいて視線を向けてくれた。手を振ってお辞儀をすると、笑顔で手を振り返してくれた。

서촌커피…ソチョンコーヒー

その笑顔にホッとして、私はまた歩き始めた。今度はゆっくり。歩きながら考えるのは、もう下手な韓国語のことではなかった。恥ずかしかったけれど勇気を出して本当に良かった、話したかった人と話せた、出会う人みんなが優しく私の思いを受け入れてくれた、懸命に仕事をする姿を早く描きたい、そんな思いが静かな興奮と共に心の中に渦巻いて、手にしているアメリカーノをごくりと飲んでまた汗を拭いた。すごく大切で特別な一杯のコーヒーだった。

人気のエッグタルト
～서촌스윗・ソチョンスウィート～

以前、夢中になっていた韓国ドラマの影響で韓国で初めてエッグタルトを食べてから、その美味しさにすっかりハマってしまった。ネットでお店を探してわざわざカンナムに食べに行く程だったけれど、なんとソチョンにもエッグタルトのお店が数年前からできて、大人気。もちろん私も両手を上げて喜んだ一人だ。お店の前を通ると甘い香りに誘われて、素通りするのは難しくついつい寄ってしまう。どんなにお腹がいっぱいでも……。


「アンニョンハセヨ、ああ美味しそう！」思わず心の声が漏れ出てしまった。そんな私に
「あらあら、外は暑いでしょう。中に入って入って！」

とお店の方が声をかけてくれた。きっと汗をかいていてかわいそうに思ってくれたのかも。

店の中はちょっと座れるスペースがあり、エアコンが効いていてまるで天国のよう。お店の方が、笑顔で気さくに話しかけてくれる。

「どのタルトがいいかしら？今はレモンのタルトも

통인스윗
OKO
1770

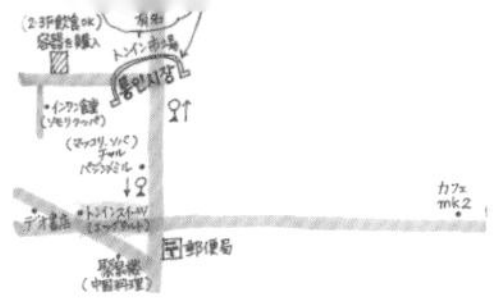

ソチョンスウィッ
서촌수윗

TEL：02-6085-3777
住所：서울 종로구 자하문로 7 길 50
(지번) 서울 종로구 통인동 73

サッパリしていて美味しいですよ。」

エッグタルトだけではなく数種類のタルトが並んでいて、迷った末にエッグタルトとレモンのタルトを注文。おしゃべりしながらも我慢できずにエッグタルトはその場でペロリと食べてしまった。

温かくとろりととろけるカスタードの余韻を味わい大満足の私は、早速お願いを切り出した。

「私、ソチョンの町が大好きでスケッチしているんですが、よろしければ働いているお姿を写真に撮ってもいいですか?」

「あらあら!」と言いながら、快く笑顔でポーズを決めてくれた。

人気のこのお店は、姉妹店のカフェも出来てそちらも好評のようだ。今度はカフェの方にも行ってみたい。タルトが美味しいだけではなく、お店の方の明るい笑顔と人柄が人気の一つかな。

この夜に食べたレモンタルトは冷やして食べても酸味が効いていて美味しかった。

日本に帰ったらダイエットしよう。…確かそう決心したはずだったっけ。

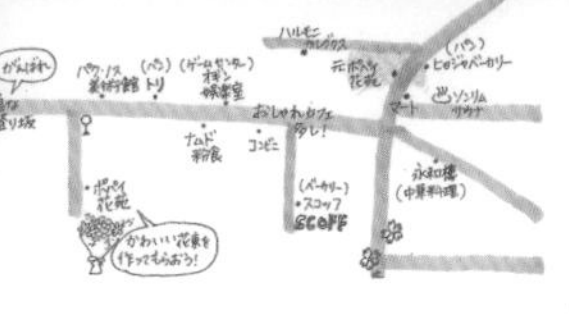

옥인문구（オギンムング）
住所：서울 종로구 필운대로 55
　　(지번) 서울 종로구 옥인동 97

子どもが集まる文房具屋
〜 옥인문구（オギンムング）・オギン文具店 〜

トンイン市場をオギンギル（玉仁通り）方面に出た向かい側に、古びた小さな文房具屋さんがある。年季の入った外観からちょっと入りにくさはあるが、入り口のガチャガチャ（カプセルトイ）もなんだか郷愁を感じさせ、何か掘り出し物がありそう。

入ってみると、薄暗い店内にぎっしりの文房具が積み重なっている。私は仙台で『ハングル日記クラブ』という勉強会を主催していることもあり、目に留まったのは〝ハングルの絵日記帳〟。日本の日記帳と同じだが、年月日などがハングル表記なのでそれだけで気分が上がる。ウキウキと絵日記帳を大人買いして満足満足。

店先には大小の豚の貯金箱、カラフルなフラフープが吊るされ、子どもたちが出たり入ったり。ガチャガチャの前でやりたいと親にねだる小さい子達。

数年前、店先に子どもたちが座って頭を寄せ合い何かに夢中になっている場面に出くわした。何しているんだろうとチラッと覗き込むと小さな画面を見ながら

juns
3

ゲームを楽しんでいるのだった。しばらくそんな姿を見つめながら、私はその丸まった背中をふと写真に収めた。いつのまにかゲーム機は無くなってしまったが、今回ソチョンの人々を描いているうちに、ゲームに夢中になっていたこの子達をもう一度記憶の中からすくい上げたくなった。

この子達は今頃どうしているのかな。文房具屋の前に、もう古いテレビゲームは無くなってしまったけれど、きっと大きくなって最新のゲーム機で遊んでいても、心の中には友だちと頭を寄せ合って夢中になった日のことがしまわれているんだろうな。いつか大人になって思い出すのかもしれないいな。

季節の風物詩
～과일트럭(クゥワイルトゥラック)・果物売りのトラック～

韓国に行く度に目にする光景、韓国ならではの光景は数々あるが、懐かしくまた新鮮に感じられるものの一つが季節ごとの果物を荷台いっぱいに積んだトラックだ。市場にも季節の果物が並び、私もいつも買ってゲストハウスで食べるのだが、トラックの果物は買ったことがない。

路上に停まったトラックの荷台に一種類のみ山のように積んであるのを見るたびに圧倒されてしまう。夏はスイカやチャメ（マウワウリ）、秋には梨、落花生、りんご…。山盛りのニンニクは（果物ではないが）韓国にいるんだなぁと実感させてくれ、その豪快さについつい目が奪われるのだ。

始めに懐かしいと書いたのは、私の住む町にも夏になると名産地の隣の県から、スイカのトラックが売りにやって来ていたからだ。歌うように独特の節をつけてスイカを売りに来るトラックを、小さい頃の私は心待ちにしていて、歌が聞こえると母を急かして買ってもらって家族みんなで食べたものだ。ソチョンを歩いていて、同じようにスピーカーから節を効かせてチャ

성환 배
배

メを売りノロノロと走るトラックを見た時には、感激しどこまでもついていきたいくらい嬉しかった。

秋に見つけた梨売りのトラックはまさに見事な山盛りで、一番下の梨は大丈夫なのか？　全部売れるのか？　気になって仕方がなかった。買うにしても量が多く断念したが、いつか果物トラックから果物を買ってみたい夢を持つ私なのだ。

今度私が韓国に行く時は、何の果物トラックがソチョンの路肩に停まっているのだろう。楽しみ楽しみ。

小さな出会い
～수성동계곡（スソンドンケゴッ）・スソンドン渓谷～

オギンギルの突き当たり、仁王山（イナンサン）の麓には〝スソンドン渓谷〟がある。昔から絵の題材になるほどの景勝地だったらしい。今は遊歩道などが完備され、仁王山トレッキングの登山口にもなっている。水の量も減り、渓谷といっても常に水が流れている訳ではないが、都心の近くにありながら、緑に囲まれ空気も良くソウルの景色も見渡せるとても気持ちの洗われるような場所だ。なんでも以前入り口付近に9階建てのアパートが作られたのだが、景観を守るために取り壊されたとい

う。膝が胸に付くような急な上り坂を、息を切らして登ってきた甲斐がある見晴らしだ。

私は天気の良い日は、キンパ（海苔巻き）と果物を持ってスソンドン渓谷の東屋に来て、朝ごはんにするのが大好きで、5月のある日もゲストハウスから散歩がてら15分ほど歩いて来た。地元の友達が出勤して行くのに出会い、挨拶を交わす嬉しいサプライズもありながら渓谷を目指した。日差しも風も気持ち良く、東屋で早速キンパとチャメ（マクワウリ）のお弁当を広げていると、ちょうど仁王山からのトレッキング帰りに東屋で一休みしようと3人組のマダム達がやって来た。おしゃべりに花を咲かせている3人に、勇気を出してキンパを勧めたところ遠慮なさるので、チャメをご一緒することにした。

あっさりと甘いチャメを一緒に食べながら、次々と出てくる質問に答えたり話題になってる芸能ニュースについて笑いあったり…。短い時間ながらも楽しいひとときを過ごし、朝から元気いっぱいのマダム達のおかげで私の一日も元気にスタートできた気がした。

実はまだ、仁王山には登ったことのない私。いつか地元の人達に混じって、朝のトレッキングをしてみたい。入り口の渓谷の坂で息を切らして東屋で引き返す私だが、大丈夫だろうか。ちょっと心配でもある。

東屋にて～아저씨들（アジョシドゥル）・おじさん達～

トンイン市場のオギンギル側には、みんなの憩いの場である東屋がある。ソチョンはお年寄りや子供の姿が多く、この東屋にも世間話に花を咲かせるお年寄りが多い。私が座って一休みしていると、なんだかお年寄りの席を取っているようなちょっと申し訳ないような気がするくらいだ。ここに座って移転前の〝ポパイ花苑〃のお店をスケッチしたのは何年前になるのだろうか。（詳しくはソチョンスケッチを参照）その時もたくさんのお年寄りに囲まれていたっけ。

この東屋に座っていると、カフェに入ってしまうとわからない、この町に暮らす人々の生活の姿がよく見える。忙しく市場に出入りするバイク、コーヒー片手に急ぎ足で出勤していく人々、行き来する緑色のマウルバス（町内循環バス）、昼になると市場のお弁当カフェに集まるたくさんの学生や観光客。若者に人気の町らしく外国人のグループや可愛らしいカップルが写真を撮り合う。午後はテコンドーの道着を着て走り回る子ども達の笑い声が響き、夕飯の買い物にオモニ（お母さん）たちがやって来る…。

その姿をただただ眺め、スケッチの続きを描き、市場で我慢できずに買ったトッカルビ（トッポッキの餅を挽肉で包んで焼いたもの）を頬張り、歩き疲れた足を休ませる私がそんなソチョンの風景の中に紛れ込んでいる。

この日もいつものように、同じ道を何往復もして疲れた私は日陰を求めて東屋に腰を下ろした。ホッと一息つきながら汗を拭き拭き行き交う人々をなんとなく

seochon sketch 85

眺めていると、すぐ右隣でアジョシ（おじさん）達の声が聞こえる。見ると将棋をしていて、見ているアジョシも何かアドバイスをしているのか真剣そのもの。知り合いが来ては覗いて何か言い、また誰かがその輪に加わり…周りの人が何を言っても指している二人は口を結んだままである。私は囲碁も将棋もわからないが、アジョシ達の真剣なオーラに惹きつけられついつい耳を澄ませてしまう。だからと言ってわかるわけもないのだが。

勝負の行方よりも、将棋への関心よりも、私はアジョシ達の醸し出す雰囲気に惹かれこの東屋と相まって、このひとときを記憶せずにはいられなかった。

そういえば韓国に行き始めた頃、インサドンで同じように将棋を指して白熱してたハラボジ(おじいさん)達の輪を興味津津しばらく見つめた事があったっけ。あの時も今も私が惹かれる〝韓国〟は変わらないんだなぁ。

トンイン(通仁)市場

～떡집(トッチッ)・お餅屋～

大好きなトンイン市場は、お惣菜中心で〝お弁当カフェ〟が有名だ。若者や学生、観光客にも人気だが地元密着型でもある。お弁当カフェで活気のある惣菜店だけでなく、精肉、鮮魚、胡麻油、海苔、八百屋、スーパー、サウナなどが揃っている。朝早くから、それぞれのお店では仕込みが始まり、市場で働く人々の生活の匂いが感じられるのも魅力だ。

その一つが、お餅屋さんである。

朝から店の奥でお餅を作り、出来立てが店先に並ぶ。

たくさんの種類のお餅が並んでいる様子は、見ているだけでもワクワクする。小さいパックもあり、一人でも買いやすいのでおやつに買い求めるのも良い。

私はこの日、シルトックという白いお餅の上に甘くないあずきの層が乗っている韓国の伝統餅を買おうと思って行ったのだが、まだ出来上がっておらずうろうろ。迷ったがお店の人に聞いてみたら、まだできないとのこと。代わりに別のお餅の小さいパックを買った。お店の方に写真を撮っていいか聞くと快諾してくれたので、店先で包んでもらっているところをパチリ。

絵にしてみると、お餅を美味しそうに描くのは難しかった。シルトックに似ているが黄色と白の二層のお餅は緑豆のお餅。それを買ってみても良かったな。本当は店の奥でお餅を作っているところを描きたかったが、次回お願いしてみたい。叶うかどうかはわからないが。

～야채(ヤチェ) 가게(カゲ)・八百屋～

いつも市場を歩いていて目にするのはコンビニやスーパーでは見られない、人が時間をかけて手をかけて作り働く姿。韓国の市場には表も裏もなく、売り場は下準備する場所でもあったりする。トンイン市場の八百屋ではハルモニ（おばあさん）が一日中売り物の青菜の下葉を取り、トウモロコシのヒゲを取ってお茶用に丁寧にカゴに並べ、疲れると隣の果物屋のハルモニとおしゃべりをしている。きれいにパックされた野菜を無言でレジに持って行き、無言で支払いを済ませ、無言で帰って来る私の日本での日常では感じられない場面だ。

必ず声を掛けなければ買うこともできない。韓国の人と人との関わりの濃さを実感できる場面でもある。

地元の友達へのお土産を買おうと、果物屋のハルモニに声をかける。

「アンニョンハセヨ、このぶどうひとつ下さい。」という私に

「ああ 甘いぶどうだよ。大きいのでも小さいのでも好きな方を取っておくれ。おやおや、お釣りのお金がないよ、ちょっと…（隣の八百屋のハルモニに）ハルモニ！ちょっとこれ１０００ウォン札に代えられるかい？ハイハイ、ありがとう。ハイ、どうもありがとね。」

私が日本から来たこと、絵を描いていること、ぜひハルモニ達を描きたいので写真を撮らせて欲しいことを伝えると、八百屋のハルモニも出て来てくれた。ホウ、絵を描いている…と果物屋のハルモニは、奥の指定席に座ってしまった。代わりに八百屋のハルモニが「アイゴー、絵を描いてるんだって！」と言いつつ店先に座ってくれた。ポーズをとるでもなく笑みを浮かべながら。写真を撮らせてもらい、丁寧にお礼を言い去り際に振り向くと、またハルモニはゆっくり仕事に戻っていた。

ハルモニがきれいにしてくれた青菜、美味しく感じ

るだろうな。大切に食べたくなるだろうな。そんなことを考えた。ハルモニ、また来ますね。

ソチョンの通りには果物トラックだけでなく、おばあさんが一人座って野菜を売っている姿もある。皆が足早に通り過ぎていく中、ゆっくりと山芋のヒゲを取り野菜の根をきれいにして。いつも同じ場所に座って黙々と仕事を続けるその姿に、心の中でそっと（コンガンハセヨ、ハルモニ。お元気でいて下さい、おばあさん）と挨拶をする。

～생선 가게・魚屋～

（センソン カゲ）

市場の中ほどにある魚屋では、夕食の買い物に来たオモニ（お母さん）達が集まっていた。氷がぎっしり詰まった冷蔵ケースの中には、銀色に光る太刀魚を始めとして大小の魚が並んでいる。小さい頃は魚は魚屋で、肉は肉屋で、と専門のお店で買い物をする母に付いて行っていたものだが、今はそんなお店もなくなり、スーパーでパック入りの切り身の魚を買っている私は、ここでも興味をそそられる。馴染みのある魚もあれば、見たことのない色の魚もあり、ついついケースの中を覗き込んでしまう。

店の中では、威勢のいい音が聞こえる。何の音かとよく見ると、小さいテーブルのような丸太をまな板に魚屋のオモニがドン！ドン！と勢いよく魚をぶつ切りにして、お客さんの要望を聞いてすぐ料理に使えるようにしている。韓国では初めて見る光景に目が釘付けの私。実際に私が注文して買える訳ではないので、余計気になるのだ。

お客さんと話をしながらも、手際よく豪快に仕事を進める魚屋のオモニ。魚はあっという間に切り身になってお客さんの手に渡された。今晩どんなおかずになるんだろう……、想像を膨らませながら見送ったのだった。

そういえば、韓国に来てもあまり魚を食べないなぁ。まだ食べたことのないカルチジョリム（太刀魚の煮付け）、今度こそ食べてみたいなあ。絵を描いていても、そんな事を考えている私だった。

＜あとがき＞

韓国での私は、日本では考えられないほど積極的だ。変化の早い韓国ではもう次には、この人とこの景色と会えないかもしれない、そんな思いもあるのかもしれない。それだけでなくソチョンは私にとって第二の故郷であり、そこでの出会いを大切にしたい、自分の胸に刻み込みたいという思いが強い。昔からのお店が無くなったりする前に、会えなくなる前にできるだけ私の気持ちを伝えたい、ソチョンが大好きだと伝えたい。それが私の原動力だ。

ソチョンには黙々と地道に、そして生き生きと働いている人がたくさんいる。絵を描くことで、人々の普段の生活の中に自分もいたことを残していきたい。自分も力強く生きていきたい、そんなふうに思うのだ。

帰国してソチョンで出会った人々の姿を描きながら、その思いはどんどん強くなり色鉛筆を握る手にも力が入った。描けば描くほど、人々の笑顔やパワーが私を励ましてくれている、と何度も思った。

再び渡韓し私の描いた絵を持って、パン屋さんとソチョンコーヒーを訪れた時には、どちらの方も私のことを覚えていてくれてパン屋さんでは「あの時写真を少ししか撮らなかったから、大丈夫かなと思ったんだ。わざわざ来てくれてありがとう」と。そしてソチョンコーヒーでは、持って行った絵を店に貼って喜んでくれた。その後店の前を通るたびに手を振り返してくれて、ますます町歩きが楽しくなった気がした。

そしてこの〝ソチョンスケッチ〟はこれからも、私のライフワークとして続けていきたい。それが私の選んだ自分の次の一歩だ。出会う人々に感謝しながら、これからも大切に大切に描いていきたい。ソチョンの魅力、ソチョンの人々の魅力をたくさんの人々に発信していきたいと思う。

最後に、悩みを聞いてくれたオンニ達、忙しい中私のお願いを受け入れてくれたソチョンの方々に感謝の気持ちを伝えたい。ありがとうございました。

＜著者＞　さいとう ようこ

韓国の路地裏（主にソチョン・西村）を歩き、人々の日常を感じるのが好き。仙台で『ハングル日記クラブ』という勉強会を主催。変わりゆくソチョン、そこに暮らす人々の姿を描く『ソチョンスケッチ』はライフワーク。幼稚園勤務兼イラストレーター。

Zine

『よーこのアンテナ日記』2016,2017,2018

『よーこの韓国アンテナ日記 春・秋編』2016

『よーこと母の韓国アンテナ日記』2017

『ソチョンスケッチ』2019

ワークショップ

『よーこのアンテナ日記 in ソウル』

with チェ・ルシア

ハンディアーティコリア参加 2016,2017

ソウル国際ブックフェア参加 2018,2019

Twitter: @yoko1770

インスタグラム: yoko1770

Gmail: saito134451770@gmail.com

ソチョン　スケッチ

2021年 5月20日発行

著者　さいとう　ようこ

絵・写真　さいとう　ようこ

発行者　松山献

発行所　合同会社　かんよう出版

〒530-0012 大阪市北区芝田 2-8-11　共栄ビル3階

電話 050-5472-7578　FAX 06-7632-3039

http://kanyoushuppan.com　info@kanyoushuppan.com

デザイン　榎　孝志

印刷・製本　亜細亜印刷株式会社

ISBN 978-4-910004-23-5　C0026

ご協力いただいた方々

lovekorea@lovekor98075426さん

にゃんちさん

草波春香さん

衛藤彩子さん

水田美恵子さん

あむにゃご大好きますちゃんさん

saranmina さん

ALOHA BEAR ♡万喜さん

한준이さん

川名正宏・恵子さん